AF598812

LLAGAS

Raquel Pérez Hernández

Aliarediciones

© Raquel Pérez Hernández
© Llagas
© ALIAR 2015 Ediciones S.L.

Corrección: Eladia Guerrero
Diseño de cubierta: Jaime Galisteo
© Fotografía de la autora: Susana Merinero
Maquetación: Aliar Ediciones

Depósito Legal: GR 227-2025
ISBN: 979-13-87590-62-8

Impreso en España

Edita
ALIAR Ediciones
www.aliarediciones.es
info@aliarediciones.es

La reproducción total o parcial de este libro, por cualquier medio, no autorizada por los autores y editores, viola los derechos reservados y las leyes sobre la propiedad intelectual.
Cualquier utilización debe ser previamente autorizada.

LLAGAS

Raquel Pérez Hernández

Para mi familia:
mi madre, mi padre y mi hermano

Así siempre empujados hacia nuevas orillas,
a la noche eterna arrastrados sin retorno,
¿no podremos en el océano de los años
echar ancla tan solo un día?

Alphonse de Lamartine. *El lago.*

FRAGILIDAD

Abro la despensa me pregunto
si el secreto de la felicidad seguirá
en la lata de galletas
de la abuela
llena de dedales hilos retales
de domingos por la tarde

cojo unas galletas cualesquiera
y con cuidado de no romperlas
las voy remojando
en el tazón de leche

me pregunto
si el secreto estará
en alegrarse con cada galleta
que logramos comer con éxito
me pregunto
no
me castigo
pensando que

soy afortunado
me debería valer
me debería bastar
con tener la capacidad
de elegir comprar
y mojar las galletas
sin más preocupaciones
me lavo los dientes
me convenzo
de que cepillarlos
cada día
tras cada comida
es un éxito
que cada hora trabajada
es un escalón menos
hacia lo que más quiero

pero
qué es lo que quiero
se difuminan los escalones
qué es el éxito
se desprende el techo

quién soy
silencio
silencio
silencio

VIAJE

Para Débora González

Hoy terminé de leer un libro precioso.
Y cuando leí la última letra
de la última palabra, en ese punto final,
escuché lo que ahora sé
que se escucha en un último aliento.

Fue un jadeo silencioso, tan leve
que solo fui consciente de que existía
cuando se apagó del todo.

Así es la vida:
se nos escapa, entre jadeos...
Jadeos de dolor o de placer —da igual—.
Solo somos conscientes de su existencia
cuando sentimos la muerte de cerca:
cuando notamos su aliento caliente en la nuca,
y vemos por el retrovisor el fulgor de la guadaña.
Entonces, los veintiún gramos del alma
pesan como nunca. ¿Cuánto pesa la vida?

Ahora dirás que eso es un absurdo lógico,
y lo dirás con cierta rabia, porque te molesta
cuando en el trayecto hay paradas.
Porque te molesta cuando el avión no va directo
sino que hace escala.

Lo siento mucho. La vida es más
que uno más dos son tres:
hay infinitos caminos para llegar
del punto A al B.

En mis labios, en tu ceño fruncido,
resuena: «¿Cuánto pesa la vida?».
Hoy, cuando terminé el libro, escuché
cómo moría. Pero no murió
el escritor, ni murió el libro,
ni morí yo tampoco.
Fue esa relación entre ellos y yo,
que desde que nació estaba abocada
a morir justo en ese punto final,
detrás de la última letra,
de la última palabra,
de la última frase.

Pude ver cómo sus historias, que ahora
son mías también, ascendían hacia el cielo,
¡sí!, porque ya no era el techo de la biblioteca:
era el cielo azul. Y esas historias ascendían,
¡sí!, entrelazadas, y se hacían
trenzas entre ellas, y sonreían,
porque entonces ya no estaban solas:
cuando leo, ya no estoy sola...

Te rindes. Lo veo en tu mirada.
Crees que callas, pero no solo
no callas, sino que otorgas:
sino que eres translúcido.
Me llegan tus pensamientos
más allá de susurros, suenan
como un martillo, como un mazo,
porque soy culpable y tú me juzgas,
sí, que eres traslúcido y te escucho.
Dices que las historias no pueden
subir al cielo, atravesar techos,
ni hacerse trenzas, ni sonreír.
Que ya basta, dices.

Eso sí lo dices en voz alta.
No necesitas el martillo...
Yo me recojo la nostalgia
en una coleta, y me cierro la cremallera
con un pintalabios estándar,
rosa claro, que no diga:
«¿Cuánto pesa la vida?».

Me preguntas qué he hecho hoy,
y te digo que terminé
de leer un libro precioso.

Cuando me preguntas por qué
me ha gustado tanto, miro
el azul del cielo, donde tú
solo ves un absurdo techo,
y te digo —o a lo mejor pienso—:
lo que más me ha gustado
ha sido no estar sola.

REFLEJO

Me despierto y vomito:
no es una gastroenteritis;
no es un trastorno alimenticio:
que no es por verme flaca.
Lo que vomito, cada mañana,
son mis ganas de vivir,
poquito a poquito.

Con cada arcada me hago
más pequeña, casi etérea,
como quien descumple años:
cada vez que vomito
me miro en el espejo,
con mis dientes sucios,
el rostro manchado de sudor,
y me pregunto:

¿Qué tendrán, en la cabeza, las personas
que dicen que nacemos para ser felices,
y que hay que luchar por los sueños?

Yo también lucho pero en mi caso,
lucho por no seguir mi instinto,
que nada en sentido contrario:
río abajo hacia el abismo.

Envidio la curiosidad
de los que se abren Tinder,
las sonrisas de los anuncios,
incluso a las parejas de Instagram:
envidio su felicidad de copiar y pegar.
¿Qué más dará que no sea de verdad
en un mundo construido sobre mentiras?

Mi única curiosidad, casi obsesión,
es saber cuánto más tengo que vomitar
hasta desaparecer: si vomito,
los pensamientos no duelen.
La tristeza se larga, asqueada
de mis dientes amarillos
y de mi olor visceral.

Por unos momentos soy solo yo:
y la mañana que entra y se cuela
por la ventana no me engulle.

Me despierto y vomito.
Bajo la persiana. Los ojos
curiosos de mis vecinos
no merecen presenciar
mi sagrada hora de gloria.

DELIRIOS

Escribo un poema en el prospecto
del ansiolítico como único soporte

me pregunto si la felicidad
no será sino una palabra
que nos enseñan a escribir
siendo demasiado pequeños
en mayúsculas
destinándola a decepcionarnos
con su fragilidad
hasta el final de los días

soy el monstruo que habita
debajo de mi propia cama
la sombra que me acecha
al final del pasillo
soy a la vez insomnio y pesadilla
en cada una de mis noches

no soy sino los miedos
que volcaron en mí cuando era pequeño
el eslabón perdido
en una sucesión de fieles creyentes
soy el infértil que acaba
con una dinastía de hombres fuertes

soy
que no es poco
aunque se me haga demasiado a veces

fantaseo con que mi vida es un copo de nieve
único el más brillante
de un sombrío invierno pero yo
yo nunca he visto la nieve

el sol me golpea de frente
y se me cierran los ojos

no consigo leer si los delirios
podrían ser un efecto secundario
de los ansiolíticos
que me ha recetado el médico

AMNESIA

Cruzo la calle: el gris de la ciudad
me recuerda al verde del bosque.
No consigo evocar la última ocasión
en que vi un fruto caer del árbol,
en que ayudé a un pájaro a remontar el vuelo.

En esta gris jaula de palomas, de cemento,
las luces de neón me recuerdan
que mi alma está rota
y me ofrecen suaves venenos
con los que intoxicarme:
amargos tragos con los que olvidar
la gama de colores que existe
allá afuera, aún, supongo,
creo recordar, no demasiado lejos:
nunca lo suficientemente cerca.

Aunque vivo en las afueras
—el alquiler, el espacio, la calidad de vida—
yo me siento dentro, muy dentro,

atrapado, ahogado en la monotonía del gris
que, me temo, cada vez me desagrada menos,
si acaso me agrada algo.

Cruzo la calle: chupitos a un euro.
Elijo envenenarme con brebajes
de colores para recordar el arcoíris,
el verde de los bosques, el azul del cielo.
Cien céntimos consiguen
que me arda la garganta,
que me ahogue en ese ridículo vaso
y que me sienta aún vivo,
que sienta angustia por respirar,
que sienta al menos pánico
por qué vendrá.

Pago un euro y maltrato a mi hígado
para que se interrumpa,
por unos gloriosos segundos,
la nada perpetua.

QUIMERAS

Sobre el mundo interior de Rodrigo

Hay una casa camuflada entre las sombras.
Decenas de eucaliptos la esconden y la escoltan.

No es una casa cualquiera:
las ventanas están cerradas a cal y canto.
No hay escalones que suban hasta la puerta.
La chimenea no expide humo:
escupe gargajos y llanto.

No es una casa cualquiera: dentro habitan
mil demonios nombrados, uno a uno,
por sus dueños; víctimas de sus torturas, quimeras,
imágenes de traumas pasados.

Sus dueños sabrían reconocer sus rostros
con los ojos cerrados, uno a uno. Sus manos,
que les han arrancado las uñas, una a una. Sus oídos,
que han escuchado sus gritos en la penumbra, a solas.

Alguien intenta escapar de la casa
pero las ventanas están cerradas: la puerta,
demasiado alta. El viento roza los eucaliptos,
sintonizando melodías de la ultratumba.

No puede escapar de la casa por más que lo intenta:
porque la casa no existe más que en su cabeza.

SUCIEDAD

Me ducho, me froto con fuerza,
como si la esponja del Mercadona
pudiese eliminar la guarrería
que acumulamos en el alma.

Me ducho, compulsivamente,
porque mi cuerpo está sucio,
pero también porque estoy sucia por dentro.

Es la pescadilla, esa
que se muerde la cola:
es por la tinta, es por la sangre...
Verás, te explico:

Es que escribo, y además, escribo mucho,
por defecto, por instinto, en arcada constante...
Y además, en esta vida tan tonta
me gusta escribir con tinta.

Cuando siento que se me escapan
volando alto las ideas,
escribo más rápido: pero soy zurda,
Dios me hizo zurda,
en un día torcido, en una noche tonta.

Cuando mi mano escribe tan deprisa,
la tinta no tiene tiempo a penetrar
la hoja, y me mancho:
mancho mi mano, y mancho el folio,
mancho la vida, y troncho
los renglones torcidos del trocito de folio
que me aguanta tanta tontería...

Perdón. No sé hacerlo
de otra forma. No quiero
escribir con un lápiz, con un portaminas,
tan endebles que la mina se rompe,
y la goma los borra,
y los niños los pierden constantemente.

Yo pierdo el sentido, constantemente.
Pero nunca mi pluma, siempre con tinta,
nunca se borra, siempre me mancha...
Jamás me arrepiento. Pero siempre...

Siempre se vacía, y me toca rellenar
el cartucho con mi sangre:
mi pluma plasma mi sangre en el folio,
tan fuerte que se emborrona
tan rápido que mancha.

Llena de tinta, llena de sangre,
sucia por fuera y por dentro.
Me ducho, me froto con fuerza,
me pregunto por qué
la alcachofa de la ducha se llama *alcachofa*,
cuando podría haber quedado
mucho mejor *nube*.

Me pregunto para qué querría
Alejandro Magno tanta tierra,
tanto imperio, tantas mujeres, una tras otra.

Google me ha chivado
que Alejandro Magno también era zurdo.

¡Sí! Así que él también
se mancharía de tinta las manos:
si vivía al galope, conquistaba tierras,
conquistaba corazones... Seguro
que se manchaba las manos, y mucho.

Pero seguro que no tenía que frotarse
en la ducha: que ya lo hacían,
por él, sus esclavos.

Pero, también, me pregunto
si no se mancharía, además,
del dorso de su mano, su alma...
¿Se preguntaría Alejandro Magno,
en la ducha, mientras sus esclavos
lo lavan, quizás,
por una chica del futuro
que escribe poesía con tinta
y se mancha las manos,

y se siente sucia,
y se frota fuerte, a ver
si se le borra
la guarrería del alma?

Me froto fuerte, a ver si me se borran
las dudas sobre la alcachofa de la ducha;
las dudas sobre Alejandro Magno;
las dudas sobre las dudas
sobre Alejandro Magno en la ducha.

La ducha solo es la excusa
para que las manchas que tengo en el alma
se expandan como la humedad
de la esquina izquierda del techo de la ducha.

Me ducho, me río y esgrimo
la esponja en la mano:
ni siquiera la propia ducha,
ni el mismísimo Alejandro Magno,
se libran de tener manchas.

HERIDA

La mimosa púdica es una planta
originaria de América,
conocida por cerrarse
como reacción al tacto,
como defensa frente a los depredadores.

Y yo me pregunto cómo se puede ser
mimosa y miedosa a la vez;
y, al mismo tiempo, púdica y tropical.
Aunque, la verdad, y de alguna manera,
entiendo esa cruda dualidad.

Lo cierto es que me siento
terriblemente identificada:
mi cariño es tan solo un sustantivo
con el que arrasaste,
sin saber siquiera de su existencia,
a base de verbos salvajes.
Agarraste mi cuello,
empujaste mi cuerpo:
olvidaste que yo
también estaba allí.

Yo me lamento por no haber aprendido
de la sabia naturaleza:
ojalá hubiese sabido cerrarme,
al instante, al tacto de tus manos infames,
al contacto con tus ojos incendiados en deseo.
Olvidaste que yo
también estaba allí.

Yo me relamo las heridas:
imagino a la mimosa púdica
libre, salvaje, sagaz,
contoneándose, sin heridas,
feliz,
con las lenguas del viento:
más mimosa que miedosa,
menos púdica y más tropical...

Mis heridas saben a sal
porque salpicaste sobre mis llagas,
porque tomaste mi miedo
por un sí, sin preguntar.

Porque ahora, y desde entonces,
yo pienso en la mimosa púdica
y la envidio por saber decir que no.
Olvidaste que allí
también estaba yo.

HERENCIA

Y del caos, nacieron las estrellas:
se estima, en concreto, que hay
más de diez cuatrillones de ellas
en el firmamento: ¡más estrellas
que granos de arena!

Perdona, ¿eh?
Que no soy una sabihonda,
ni mucho menos.
Que lo he buscado en Google...

De todas formas, me gusta pensar
que si nos organizásemos, a partir de ahora,
podría apadrinar cada persona una estrella: una sola.
Ponerle nombre, hablar con ella.
Dedicarle sonetos, cartas, incluso confesarle
sus más íntimos secretos.

Y al momento de morir, podría
cederla a otra persona,

una persona anónima,
que heredase sus coordenadas,
y sus soliloquios, y sus memorias.
Y así, nadie moriría del todo, conservando
una estela de su existencia en el firmamento
y un sucesor en la Tierra.

No morir nunca... Menudo tema.
Un deseo tan antiguo como la propia muerte,
tangible como las pinturas de Atapuerca,
tan crucial como fuera inventar la rueda.

¿Qué pensaría el primer humano consciente
que presenció el enfriamiento
de un cuerpo amigo, su mirada fija e inerte?
¿Percibirían esos seres con sus instintos
místicos y ancestrales, ahora ya perdidos,
cómo los veintiún gramos de su alma ascendían,
hacia el cielo, con su último suspiro?

No morir nunca. Dicen que entonces
no sería divertido —como si ahora lo fuera—.

Dicen que perderíamos la esencia:
algunos dicen que ya la hemos perdido.

Pues yo creo —si acaso eso importa algo—
que la conservamos: los mismos miedos
y los mismos deseos nos mueven
desde antaño, como el mismo viento mece
las copas de los árboles.

Es cierto que hemos perdido instinto:
hemos quemado los bosques, hemos matado
a nuestros dioses, incluso a los más amados.

La naturaleza es ahora un mero destino
para los domingos y festivos.
Despreciamos los lunes, esos
que nosotros mismos inventamos,
y nos resignamos a la condena autoimpuesta
como en una absurda cadena perpetua.

Nosotros mismos creamos mitos,
leyendas y cuentos en un intento

de domesticar lo desconocido y lo inmenso.
Desarrollamos la vergüenza, protocolos
y constructos sociales, el huso horario,
nombramos los siete mares,
para ordenar nuestro universo y poder,
al menos, señalar lo que desconocemos.

No sabemos, como Rubén Darío,
hacia dónde vamos, ni de dónde venimos.
La guadaña nos reclama y en la copa
de los cipreses que dan sombra
en el cementerio el viento
de siempre hace resonar
los mismos ecos de nuestros antepasados.

Solos, estamos solos
y terriblemente acompañados,
como un manojo de condenados
que comparten celda.
Solos, terriblemente solos.
Somos convictos, culpables
de guerras salvajes, de genocidios,

condenados a la peor sentencia:
la indiferencia de las estrellas
y el eterno olvido.

FRACASO

Yo no persigo mis metas, yo las acoso:
de madrugada, cuando descansan,
vulnerables presas del sueño,
yo me tumbo a su lado y les susurro
en bucle y durante horas:
«No pararé hasta que os consiga...».

No tengo miedo al fracaso, porque el fracaso
ya corre por mis venas; es tan mío
como mi sangre. Por eso, sé mirarle
a la cara y decirle: «No te toca salir hoy»,
y aguantarle la mirada.
El progreso no es constante,
pero el trabajo debe ser diario:
yo curro, me deslomo, me lo gano.

Y al final del largo camino,
llega el día soñado,
cuando logro mi objetivo.

Entonces, se hace el silencio: fundido a negro.
«No lo has conseguido por tus propios méritos».
«No te mereces lo logrado».
«No es para tanto».

Me miro al espejo y es otra persona
la que recibe el premio:
yo sonrío y le doy la mano.

El síndrome del impostor, mi mejor amigo,
no sé ni cómo, vuelve a lograrlo.

UTOPÍA

Me retuerzo en la cama y pienso
si creer ese mito:
si será verdad aquello
de que el tiempo coloca
cada cosa en su sitio.

Temo que lo dijese una persona joven
con la boca llena, de corazón dadivoso,
y no un viejo arrepentido, moroso de espacios,
a quien la vida le rinde cuentas.

Tengo miedo de que tal sentencia,
que ha atravesado la boca de generaciones,
esté basada en cero evidencias:
que no exista sino en las lenguas
de unos pocos soñadores,
sin suficiente experiencia
para sentar jurisprudencia
y emitir veredictos.

Tengo miedo de que esta máxima
sea solo un oasis,
soñado por personas con valores,
adictos a la utopía, que buscan
desesperadamente centímetros de justicia
a los que aferrarse: que la vida

no los destierre antes de haber cumplido
cada una de sus promesas.

Porque somos las promesas que hacemos
a nuestros abuelos en su lecho de muerte.
Y yo, aquí, tumbado
en la cama, mi féretro,
en la cárcel, mi mente,
pienso en el matiz irónico de que
el mismo tiempo, *deus ex machina*,
lleve el justo cálculo
del sitio que merecemos
en esta tierra y en la siguiente.

Mientras practicamos el tedioso juego
de la rutina y la nada
que quizás venga luego, ajenos,
deshacemos esos minutos
que nos compran nuestros actos nobles
entre nuestros dedos.

Reloj de arena: inclínate hacia los buenos
y salva al valiente: concédele un sitio,
un oasis dentro del caos.

Destierra, quizás, si ese es tu deseo,
a los que no respetan tus ritmos,
para que cumplan condena
en el desierto de vidrio.

DUELO

Prendo una vela
en nombre de tu ausencia.
Con el pabilo se quema
mi culpa
por no pensarte lo suficiente,
por llegar a darte la espalda
en mis recuerdos.

Me culpo cuando dicen
que nadie muere mientras vive
en el corazón de los que lo aman:
desconozco si habitaste
o si aún habitas en mí:
me pregunto si te habré matado yo,
acaso, con mi huida constante.

Lo cierto es que te guardé, ligero
en una caja de leves recuerdos
a la que solo acudo cuando la nostalgia
me muerde con fuerza.

Quizás no te piense cada día:
tampoco soy de quienes visitan
las tumbas y dejan ramos.
Pido perdón a quien corresponda,
si es que yo te he matado
con esta tendencia mía a la huida.
A ti te gustaba el boxeo,
hacer música, y las estrellas.
Con el corazón en la mano, creo
que vives aún en mis ojos,
cuando miro al cielo
(con tu telescopio);
en mi aliento, cuando entreno
(con tu saco);
te revivo cuando toco las teclas
del que fue nuestro piano.

Una tenue brisa,
así como un suspiro,
termina de apagar la vela.
Admiro la fragilidad del pabilo
y me marcho.

ÍNDICE

Este libro se terminó de editar en Granada
en febrero de 2025 por

Aliarediciones

www.aliarediciones.es
info@aliarediciones.es